Zweieinander

Zweieinander

Liebesgedichte

von

Jürgen Sanders

BoD – Books on Demand, Norderstedt, 2017

Bibliographische Information der Deutschen
Nationalbibliothek:
Die Deutsche Nationalbibliothek verzeichnet diese
Publikation in der
Deutschen Nationalbibliographie; detaillierte
Informationen sind im Internet über
http://dnb.dnb.de/ abrufbar.

© Jürgen Sanders, 2017

Satz und Gestaltung: Lukas Maximilian Sanders

Herstellung und Verlag: BoD – Books on Demand,
Norderstedt

ISBN: 978-3-743182400

Ins Blau

Wir stehen
baumeinander
zweigen grünen
himmelzu
versonnen

Im Wind

Wir sind uns
leichtgefallen
zugeweht aus
allen Wolken
Zwei Silben
ein einziges Wort
im Wind

Einklang

Wellen wolkenlang dahin
und himmelweit
Du erlachst mich
ich erlache dich
wir stimmen

Glücklicher Zufall

Du bist mir zugestoßen
Hast mich dir zugezogen
Wir sind uns zugefallen

Im Frühling

Ein hingeflüstertes
Rot auf deinen Wangen
ein gelächeltes
Versprechen
Wir fallen uns
ins Herz

Wortlos

Waren uns leicht
ein Windgemenge
lichtes Treiben
Nicht eine Silbe
zeigte sich
am ungetrübten
Schweigen

Träumen

Erflüsterst Zärte
mit bebenden Lippen
hauchst sie mir zu
ins Verlangen
Wir sind ineinander
gefangen
träumen uns fort
ins Wortüber

Zu dir

Die Ferne der
fliehenden Nähe
fängt mich ein
und lässt mich frei
in dir
die Nähe
verträumte Entfernte
zu dir

So nah

Eine Nacht weit
bist du fern von mir
ich lege mich
in deine Hände
du fühlst mich
von Stunde zu Stunde

Du

Ich steige in die Tiefe
stillgelegter Gefühle
und höhle mich
in Schweigen
unter Tage

Ganz Licht du
fällst in mich
den Weg zu dir
zu zeigen
über Tage

Deine Süße

Stacheldrahtig
scheinst du
schattenstreng
ich kenne deine Blöße
koste vom Fruchtfleisch
schmecke deine Süße

Marie-Luise

eingetönt vom
windklang deiner stimme
treibe ich
auf deiner melodie
übermeer dein
nimm und gib

Am Morgen

Ich möchte mit dir
unter Tassen klappern
bis wir überschwappern
mit viel Milch und Zucker
uns vergießen
dampfend
ineinanderfließen
und dann still mit dir
den Kaffee danach genießen

In dir

Lauerst mit
deinem Schlingenblick
lockst mich mit
Lippenblöße
fängst mich
sperrst mich ein
in dir
Ruhelos im Kreis
auf leisen Sohlen
katzengleich
Wir gehen wild

Verlangen

Du bist mir
frühlingsherb
ein halb
geöffnetes Verlangen
Still liege ich
auf deiner Zunge
lasse mich zergehen
Schlucke
verdaue mich
nimm mich
in dir auf

Vorspiel

Wenn wir bebend
uns umzungen
uns umspeicheln
sonnenlang
eindringen in
verlockende Tiefen
Eine Zungenweide

Verführt

Entblößte Blicke
laden ein
zu Hals- und Nackenspielen
deine Rosenhaut
verführt zu
Lippenreisen
tiefer
deine Scham
Zungenau
und Quell

Treiben lassen

Wir liegen
Haut an Haut
lassen uns
lustaufwärts
treiben

Betört

Rosenblüten
habe ich
zwischen deinen
Schenkeln zerrieben
vermischt
mit dem Duft
deiner Haut
Du strömst
in mich

Treiben

Wir liegen uns
in den Flüssen
die Arme In den
Wind gestellt
unser Bett
ein Boot ohne Ruder
Treiben lassen
auf den Wellen
ineinander münden

Fluten

Hilflos treibst du
auf den Wellen
ich liebe dich
ans Ufer
Lass uns warten
bis zur nächsten Flut

Zu weit

Du kamst mir
atemnah
ich trieb
zu weit hinaus
Übermundet
deine Lippen
zogen mich
an Land

Schlüsselblümchen

Blüsselschlümchen
süßes Blümchen
du zergehst mir
auf der Zunge
Was sich liebt
das neckt sich
Ich glaube
ich schluck' dich

Im Traum

Ich liege da
bin eingeträumt
mit dir
habe dich betrogen
nachts im Traum
mit dir

Bei dir

Beiträumer will ich
dir sein
tiefer Schlaf
dich erwachen
mich wohlig
in dir räkeln

Am See

Mit dem Wellenkamm
fahre ich durch deinen See
Wasser benetzt
das leckende Ufer
dein Haar entrauscht
den Wogen
In allen Blüten sehe ich
deine geöffneten Lippen

Fließen

Reine Quelle
klares Wasser
du erströmst
mich

Auf offener See

Dein wogendes Lachen
im Meer
ich ertrinke
Ein Wort
kann mich retten
von dir
zugeworfen

Vertraut

Der Faden spinnt sich
in dein Wort
Mein Haar auf
deiner Stirn
Verschlungen laufen wir
ins Hoffen
Du führst mich
von Silbe zu Silbe

Dein Wort

Du sprichst zu mir
ein Mundgeleucht
weist den Weg
aus Höhlenstille

Mein Engel

Deine Blicke
brechen Pfeile
Du siehst mich
schützend an

Worte

Auflauscher
bin ich
deiner Worte
Klang
verslüstern
dir verfallen

Reisen

Stellen uns sturm
und reisen
Fern in der Abstille
über dem Meer
fallen wir uns
in die Wolken

Du und ich

Ich sonne
ich monde
ich sterne
dir schnuppe

Windwehe
sturmflute
und du schweigst

Ich und du

Ich rinne
und verrinne
du versiege

Du duftest
und verduftest
ich verfliegst

Wir

Wir sind uns
Sturm und Ruhe
Wir sind uns
Haut und Klinge
Wir sind uns
Mond und Meer

Ganz tief

Du schreibst dich tief
in meine Haut
ich blute
deine Worte aus
lese dir vor
aus meinen Wunden

Am Strand

Die Weite ferner Gedanken
unter den Steinen
das Wehen der Blicke
im Wind der Begegnung
am Strand
Wellen sind wir
und Spuren im Sand
Gefunden und verloren

Versunken

Du rinnst ins
Sickerwasser
meine Grube
Laich durchkämmt
dein Haar
Wir sind uns
wassergleich
und nah
so tief

Ohne dich

Zeitrisse in den Wänden
gewürmte Tapeten
in Trauerlicht gewirkte
rote Fäden
ein Wirrwarr von Gedanken
und Gefühlen
führt mich
in die Irre
ohne dich

Überwiegend heiter

Gelegentliche Lachausfälle
vereinzelt Schauer
Im Dunkel trüben
überwiegend weiter

Sand im Haar

Sei mir handbreit
unter Wasser
steigst du aus
dem Wolkenspiegel
über Wellen
tänzelst barfuß
durch mein Haar
es wiegt dich
in den Dünen

Verlangen

Du gehst mir
nicht mehr
aus dem Ufer
dein Wasser schreit
nach Durst
Wir werden Wüste

Dein Lächeln

Stillblaue Augen
blühende Lippen
aus wildrotem Mohn
Dein Lächeln schenkt mir
Lichtbehagen

Bitte

Lass mich Wilde streuen
in deine stillen Augen
Rotfeuchte träufeln
auf deine spröden Lippen
So möchte ich dich schreiben

Rosen

An Land
gestelltes Licht
gebeugte Töne
neigen sich
den Ohren zu
entschwingen
lege Rosen
unter deinen Baum

Frühlingsnacht

Es ist
so schön mondlich
im Garten
Wir sitzen im Schweigen
verträumen die Nacht
miteinander

Im Regen

Gehst du unter
Wolkenschirmen
durch den warmen
Sommerregen
gefällst du mir
in Pfützenspiegeln
lächelst mir
entgegen

Im Sommer

Ich liebe dein
leicht bewölktes Stirnblau
die wogenden Getreidefelder
blicke in dein
rauschendes Lachen
Du bist blütenstill
verströmst dich
zu Sommer

Dich

Du hast dich mir
ins Wort gestellt
Dein Lächeln
geht ins Grün
ich schweige
Neigst mir
deine Stimme zu
liest mir vor
aus einem Apfel
schmecke Rot
und Sonne dich

Befreit

In den Stamm
gesprochen
und wir zweigen
Durch die Blätter
Atemworte wehen

Schweigsam

Wortkargen wir
und überherbsten
Was du zuwehst mir
Windworte
du Geliebte

Eisweit

Ich stimme
leise Süden
du bist blühendlind
ein Blau aus fließend
zarten Tönen
ein Sehnen
fortzutränen
bis ans Eis

Oktober

Ich lasse dir
dein Still und Ruhen
liebelang
die Wolken ziehen
Blätter fallen
aus dem Sommer
in den kalten Wind
Doch die Sonne
stillt die Seelen
mit Oktober
taucht sie ein in
goldwarmes Licht

Schöne Aussicht

Übertannte Hügel
es riecht pilzig
farnweit blicken wir
der Himmel ruht
auf Wolken
es wird blau
Überflug der Schwalben

Der Wasserfall

Fallende Wasser
Wohlergießen
über Raum und Zeit
in der Klarheit
stiebende Tropfen
glänzende Schleier
ein Regenbogen

Im Weinberg

Auf dem Weg
du stolperst
Steine
rollen springen
deine Worte
hängen traubenschwer
und rein

Traubenträume

Reife Früchte
in den Händen
berührst du mich
mit Blicken
machst mich
lebenswild

Später Wein

Traubenträume hängen
rot und schwer
an dir
Deine süßen Beeren
Wirst du mir
später Wein?

auch wenn er
uns scheidet
wir werden
den Tod
überlieben

Inhalt

Ins Blau	5
Im Wind	6
Einklang	7
Glücklicher Zufall	7
Erste Liebe	8
Wortlos	9
Träumen	10
Zu dir	11
So nah	12
Du	13
Deine Süße	14
Marie-Luise	15
Am Morgen	16
In dir	17
Verlangen	18
Vorspiel	19
Verführt	20
Treiben lassen	21
Betört	22
Treiben	23
Fluten	24

Zu weit	25
Schlüsselblümchen	26
Im Traum	27
Bei dir	28
Am See	29
Fließen	30
Auf offener See	31
Vertraut	32
Dein Wort	33
Mein Engel	34
Worte	35
Reisen	36
du und ich	37
ich und du	38
Wir	39
Ganz tief	40
Am Strand	41
Versunken	42
Ohne dich	43
Überwiegend heiter	44
Sand im Haar	45
Verlangen	46
Dein Lächeln	47

Bitte	48
Rosen	49
Frühlingsnacht	50
Im Regen	51
Im Sommer	52
Dich	53
Befreit	54
Schweigsam	55
Eisweit	56
Oktober	57
Schöne Aussicht	58
Der Wasserfall	59
Im Weinberg	60
Traubenträume	61
Später Wein	62
auch wenn	63